Liquid Sand

Jorge Valdés Díaz-Vélez

Liquid Sand
Arena líquida

translated from Spanish by
Sue Burke & Christian Law Palacín

Shearsman Books

First published in the United Kingdom in 2025 by
Shearsman Books Ltd
PO Box 4239
Swindon
SN3 9FN

Shearsman Books Ltd Registered Office
30–31 St. James Place, Mangotsfield, Bristol BS16 9JB
(this address not for correspondence)

www.shearsman.com

ISBN 978-1-83738-002-2

Copyright © Jorge Valdés Díaz-Vélez, 2025
Translations copyright © Sue Burke & Christian Law-Palacín, 2024

The right of Jorge Valdés Díaz-Vélez to be identified as the author of this work, and of Sue Burke & Christian Law-Palacín to be identified as the translators thereof, has been asserted by them in accordance with the Copyrights, Designs and Patents Act of 1988.
All rights reserved.

Contents

8	Nadie / No One	9
10	Plomari / Plomari	11
12	Parque México / Mexico Park	13
14	Los Sonámbulos / The Somnambulists	15
16	Entre Paréntesis / Between Parentheses	17
18	Cada Gota / Each Drop	19
20	Dársena / Dock	21
22	El Desastre / The Disaster	23
24	Polaroid / Polaroid	25
26	Negro Sol / Black Sun	27
28	Portbou / Portbou	29
32	TV PPV / TV PPV	33
34	*It's All in the Game / It's All in the Game*	35
36	El ciervo rojo / The Red Buck	37
38	Hotel California / Hotel California	39
40	Latitud / Latitude	41
42	Las flores del mall / The Evil Mall Flowers	43
44	Aquel ahora / Back Then	45
48	Bolero del jardín de las delicias Bolero of the Garden of Earthly Delights	49
50	Nostrum VII / Nostrum VII	51
52	Playa nudista / Nudist Beach	53
54	Desierto adentro / Desert Inside	55
56	*Sunset Drive Suite / Sunset Drive Suite*	57
60	Ishmar / Ishmar	61
62	Alfama / Alfama	63
64	Materia del relámpago / Lightning Is Made of This	65
66	Canción de febrero / February Song	67
68	Rosa náutica / Nautical Rose	69
70	Naturalezas vivas / Living Nature	71
72	Los proscritos / The Outlaws	73

	de Contraluz / *from* Backlight	
74	Alianza / Alliance	75
74	Intaglio / Intaglio	75
76	Algunos se despiden bajo un árbol Some People Bid Farewell Beneath a Tree	77
78	Cuando amanece / When Day Breaks	79
80	Ginebra, verano de 1986 / Geneva, Summer 1986	81
82	Cuartos vacíos / Empty Rooms	83
84	S. T. T. L. Sit tibi terra levis / S. T. T. L. Sit tibi terra levis	85
86	Nochevieja / New Year's Eve	87
88	Los Argonautas / The Argonauts	89
90	Genealogía / Genealogy	91
92	Doy fe / I Vouch for It	93

I offer you the memory of a yellow rose seen at sunset,
   years before you were born.
I offer you explanations of yourself, theories about yourself, authentic and surprising news of yourself.

Jorge Luis Borges, *Two English Poems* (1934)

NADIE

para Piedad Bonnett

Volví a Ítaca, a sus médanos
de bruma evanescente, al sol
que la traspasa y a las calles
que mi memoria soñó hermosas.
Degusté el sexo de los higos,
la pulpa de un dátil, el cálido
resplandecer de la aceituna.
Fui un extranjero entre los míos.
Nadie advirtió que tras la máscara
tallada por la espuma, iba
yo, el heroico (ese mendigo
sin sombra que salió una noche
de lágrimas al mar) Ulises,
el pródigo en historias vuelto
del más allá de su leyenda.
Antes que el alba, regresé
a la costa y enfilé al sur.
No reconoceré los muelles
a donde vaya mi deliro.
Sólo sabré que estuve en Ítaca
para reinar sobre mi espectro.

NO ONE
for Piedad Bonnett

I returned to Ithaca, to its dunes
of evanescent sea mists, to the sun
that was piercing it through and to the streets
that my memory had dreamed beautiful.
I tasted the sensuousness of figs,
the soft pulpy pith of a date, the warm
gleaming resplendency of the olive.
I was a stranger among my people.
No one took notice that behind the mask
carved out, cut and scrubbed by the sea foam, went
I, the heroic (this mendicant
without a shadow who had left one night
all in tears and set his sail) Ulysses,
prodigal in stories to tell, returned
from that place far beyond his own legend.
Before the sun rose, I went back again
to the coast and made my way to the south.
I know I will not recognize the wharf
where in my delirium I might go.
I will just know I was in Ithaca
to reign sovereign over my own specter.

PLOMARI

La pesada silueta de los barcos
te dijiste una vez, cuando el verano
carga con la inscripción de sus estelas.
Reventaba la luz en los olivos,
y el oleaje de sangre tras tus párpados
era entonces metáfora del alba,
la vida sin futuro y pocos años.
Mucho tiempo después, escribirías:
Partir es regresar a ningún sitio
en un bar clausurado, ante los muelles
donde atraca el olor de la marisma.
Ahora te recuerdas en los versos
que otro talló por ti sobre una mesa
mientras cruzan los pájaros rasantes
en búsqueda del aire al pie del día
y miras a estribor cómo la playa,
ese latido insomne del deseo,
vuelve tu corazón reloj de arena.

PLOMARI

The slow-moving outline of the ships
you told yourself once when the summer
carries along the inscription of their wakes.
The olive trees were bursting into light,
and the wave of blood behind your eyelids
was then a metaphor for daybreak,
life with no future and with not much time.
After many years you would write down:
Leaving is just returning to no place
in a closed-down dockside coffee-bar
where the smell of marshland reached the port.
You remember yourself now in those lines
that someone in your place carved on a table
while flocks of birds fly close to the surface
chasing the air at the face of daylight
and you look starboard at how the beach,
that sleep-deprived pulsation of desire,
changes your heart into an hourglass.

PARQUE MÉXICO

Un dulce olor a primavera
entró al crepúsculo sin sombras.
Cuerpos de joven insolencia
van abrazados a otros cuerpos
debajo de las jacarandas.
Han empezado a florecer
antes de tiempo. Morirán
también sus pétalos muy pronto,
memoria en ruinas del verano
su sangre aún por reinventarse.
Pero hoy me muestran su belleza
con certidumbre, la esperanza
del resplandor violáceo y tenue
de su fugacidad perpetua.
Se adelantó la primavera.
Llegó de súbito su aroma
como la luna entre las ramas
y este dolor al fin del día.

MEXICO PARK

A sweet aroma of springtime
crept into shadowless twilight.
Bodies of youthful insolence
went embraced with other bodies
there beneath the jacarandas.
They have entered into blossom
ahead of their time. Their petals
will wither early, very soon,
a ruined memory of summer
its blood not yet reinvented.
But today they show their beauty
with certainty to me, the hope
of the violet and faint splendor
of their fleeting perpetuity.
Springtime has arrived too early.
Its aroma came suddenly
like the moon among the branches
and this sorrow at the day's end.

LOS SONÁMBULOS

> Y, cuando duermen, sueñan no con los
> ángeles sino con los mortales.
> —Xavier Villaurrutia

Se despertó al oír un ruido
a sus espaldas, un murmullo
de frondas embozado. Abrió
los ojos y rozó en silencio
sus brazos recogidos entre
la nervadura de la sábana.
Qué sucede, por qué no duermes
—le preguntó mientras el alba
ya era otra forma en los espejos.
Me soñaba contigo—dijo
sin mirarle. Y se dio la vuelta,
cerró los párpados del sueño
para buscar la piel que huía
desde sus yemas, luz adentro.

THE SOMNAMBULISTS

> And when they sleep, they dream not about
> angels but about mortals.
> —Xavier Villaurrutia

Awoken, hearing a noise
from behind, a murmur
disguised by foliage. Eyes
opened and arms withdrawn
and rubbed beneath
the vaulted sheet.
What happened, why aren't you sleeping
—asked while the dawn
was now another shape in the mirrors.
I was dreaming of being with you—spoken
without eye contact. Turning over,
closing eyelids in sleep
to look for the skin that fled
from those fingertips, lightwards.

ENTRE PARÉNTESIS

En la luz que custodia secretas alegrías
del tiempo de los niños. Debajo de los últimos
frontispicios de Baalbek o Menorca. En la brisa
de un balcón entreabierto a la fresca inocencia
de la yedra o el círculo virtuoso de una fuente.
Olvidados de sí, del mundo aparte, acaso
con unas cuantas páginas de sílabas en llamas
que agiten su ebriedad igual que un himno. Al sur
o al norte, en algún mapa jamás desenterrado
de las ruinas cubiertas de azules frisos griegos.
La cerveza bruñida contra el calor, desnudos
como yemas del árbol que crece en las laderas
del júbilo. En abril o en verano, sin más
porvenir que no sea la piel de un día encendido
con pájaros. A orillas de un beso. En otra tierra.
En otra vida. Todos quisiéramos estar
en un lugar distinto, distante, sin vestigios
ni agónicas memorias de la melancolía
o el tedio que destila con odio su ponzoña.

BETWEEN PARENTHESES

In the light that looks after secret joys
from the time of the children. Beneath the final
façade of Baalbek or Menorca. In the breeze
of a balcony half-open to the fresh innocence
of ivy or the virtuous circle of a spring.
Forgotten by themselves, not in this world, perhaps,
with several pages of syllables in flames
waving their drunkenness like a hymn. To the south
or north, on some map never disinterred
from the ruins covered by blue Greek friezes.
The beer burnished against the heat, naked
like leaf buds of the tree that grows on the hillsides
of delight. In April or summer, with no more
future beyond the skin of a day lit up
with birds. On the shores of a kiss. In another land.
In another life. We would all like to be
somewhere else, far away, with no vestige
nor dying memories of the melancholy
or the tedium that distills its venom with hate.

CADA GOTA
para Marianne Toussaint

Nuestra ciudad sitiada es más que tierra
debajo de mis pies. Aquí los muertos
tomaron posesión de la vigila
y el péndulo del tedio. En su presencia
proyectamos la casa que reúne
la frágil estructura del relente,
voces de celofán por navidades,
rostros en el café de sobremesa
que asomarán al filo de las tazas
cuando nos levantemos. En silencio
miro caer la lluvia en el jardín
de los laureles, escucho los ecos
de qué risas detrás del palomar
que han abolido. Al fondo, la pared
naranja en los colmillos de la herrumbre
sostiene el esqueleto de la hiedra
y el tabique mojado. Cada gota
se bebe la ciudad que nos aleja
o nos vuelve a acercar hacia un vitral,
hacia una estancia ya deshabitada
por la piel que arderá como el pasado
cántico funeral sobre otros labios.

Bajo el grave rezongo de los truenos
brilla el último adiós de su aspereza.

EACH DROP
for Marianne Toussaint

Our besieged city is more than soil
beneath my feet. Here the dead
took possession of the night watch
and pendulous tedium. In their presence
we design the house that unites
the fragile framework of nocturnal damp,
cellophane voices for Christmas,
faces in the after-dinner coffee
that will appear on the edges of the cups
when we stand up. In silence
I watch the rain fall in the garden
on the laurels, hear the echoes
of all that laughter behind the dovecot
that they have abolished. In back, the orange
wall in the canine teeth of rust
holds up the skeleton of the ivy
and the wet brick. Each drop
drinks down the city that takes us farther
or closer again to a stained glass window,
toward a room now uninhabited
by the skin that will burn like the long-gone
funeral canticle on other lips.

Below the grave back-talk of the thunder
shines the last goodbye of that rough bile.

DÁRSENA
para Joan Margarit

El tren hacia Madrid partió en las brumas
del punto en que se fuga el pensamiento.
El que viaja en el fondo de sí mismo
enfrenta en el cristal a su contrario,
vislumbra en la estación pulverizada
una hilera de luces que ha dispuesto
la entrega de la tarde a su derrota.
Atrás quedó el oleaje, las caricias
del sol donde batalla la frescura,
las alas de la luz amartillando
un ángulo sin peso de la vida.
En sentido contrario, hacia la ráfaga
de sombras marcha el viento, vuelve el frío,
fluyen los árboles, pasan los puentes,
las nubes y los túneles, un potro
atado al espigón más gris del cielo.
Oscurece. La lluvia es otra hoja
de navaja fraguada por el rayo.
Penetra en las pupilas. Limpiamente.

DOCK
for Joan Margarit

The train bound for Madrid left in
the misty point where thought escapes.
He who voyages deep within
faces his rival in the glass,
glimpses in the crushed station
a string of lights that has prepared
to hand afternoon to defeat.
Behind remain waves, caresses
of the sun where freshness fights back,
the wings of light tormenting
a weightless angle of life.
In the other way, toward the gust
of shadows moves the wind,
cold returns, trees flow, bridges pass,
clouds, tunnels, and a pony tied
to a breakwater grayer than
the sky. Night falls. Rain is a blade
of a knife forged by the lightning.
It enters the pupils. Cleanly.

EL DESASTRE

El ángel de pasión dejó tu casa
con un desorden tal que no sabías
por dónde comenzar: copas vacías,
ceniza por doquier. Y su amenaza

rotunda de carmín: «En la terraza
te aguardo. Un beso. Adiós». Tú conocías
la forma de cumplir sus profecías.
Temblaste al recordar: «Todo lo arrasa

un ángel si al partir te sobrevuela».
Te diste apresurado a la tarea
de hacerla remontar por tu memoria,
sus manos en tu piel, su duermevela.

Pensaste: «Si es amor, pues que así sea»
y fuiste a abrir la puerta giratoria.

THE DISASTER

The angel of passion had left your home
in such a disorder you did not know
where you ought to make a start: empty bowls,
ashes everywhere. And its carousing

menace for you in lipstick: "I await
outside. Hugs and kisses. Goodbye." You knew
how it fulfilled its prophecies. And you
trembled to recall: "An angel lays waste

to everything if at its departure
it flies over you." You hurried to start
the task, putting her together by heart,
her hands on your skin, her sleep insecure.

You thought: "If this is love, let it be so,"
and went to open the revolving door.

POLAROID
para Eugenio Montejo

Son siete contra el muro, de pie, y uno sentado.
Apenas si conservan los rasgos desleídos
por los años. Las caras resisten su desgaste,
aunque ya no posean los nítidos colores
que ayer las distinguieron. Entre libros y copas,
las miradas sonrientes, las manos enlazadas
celebrando la vida de plata y gelatina
se borran en el sepia de su joven promesa.
Por detrás de la foto están escritos la fecha,
los nombres y el lugar de aquel encuentro. Fuimos
a presentar el libro de uno de los amigos
que aparece en la polaroid viendo hacia el vacío.
Después se hizo la fiesta y más tarde el accidente
nos llevó al cementerio. Dijimos en voz alta
sus poemas. Los siete contra el muro, de pie,
uno leía. Todos aún lo recordamos
y casi por costumbre le voy a visitar
con girasoles. Todos hemos envejecido
menos él, ahí en la vista fija. Nos mira
desde sus 20 años, que son los de su ausencia,
con ojos infinitos de frente hacia la cámara,
llevándose un verano tras otro, aunque comience
a degradar su tono naranja sobre el duro
cartón de la fotografía.

POLAROID
for Eugenio Montejo

Seven stand and lean against a wall
and one sits. Faded by the years,
features are almost lost. Faces persist
although now without the sharp colors
that had distinguished them. With books, drinks
and smiles for the camera, hands linked,
joyful life in gelatin silver,
their youthful promise lost to sepia.
On the back of the photo the date,
names, and place where we met. We came
to present the book by the friend
in the Polaroid staring into space.
Then came the party, later the accident
took us to the cemetery. We read his poems
out loud. Seven leaning against a wall,
one reading. We all still remember it,
and almost by habit I will visit him
bearing sunflowers. We have all aged now
except him, unchanging. He watches us
only twenty years old, his years of absence,
with infinite eyes facing the camera,
summer after summer, though his color
has begun to fade on the stiff
photographic paper.

NEGRO SOL

> —*et mon luth constellé*
> *Porte le soleil noir de la Mélancolie.*
> —Gérard de Nerval

Nadie nos dijo que sería
fácil andar sobre esta tierra,
que los senderos a la muerte
son un atajo hacia su cúspide,
o que el dolor del alma hiere
las soledades que nos restan.
No hubo advertencia en los antiguos
nombres de la melancolía.
No eran presagio: «bilis negra»,
«tristeza sin raíces», «duelo
frente a una pérdida intangible».
Pesa la tarde en el sentido
de su cancelación. El nuestro
nos lo ha enseñado un sol más duro
y hemos tenido que aprender
a caminar con él a cuestas.

BLACK SUN

> —et mon luth constellé
> Porte le soleil noir de la Mélancolie.
> —Gérard de Nerval

No one told us it would be
easy to walk on this world,
that the pathways to death
are a shortcut to the summit,
or that the soul's pain injures
our remaining solitude.
Melancholy's ancient names
offered us no warning.
They were not omens: "black bile",
"baseless unhappiness", "grief
for an intangible loss".
The afternoon weighs heavily
toward its settlement. Ours
is due to a harder sun
and we have had to learn
to walk beneath its burden.

PORTBOU
para Eduard Sanahuja

Diciembre en un andén. De vuelta a casa,
aguardo la llegada y la salida
de un tren que ha de llenar el túnel de humo,
 las bóvedas de hierro con estruendo.
No hay nadie, o casi nadie, salvo un hombre
taciturno sentado a pocos metros,
que pela una naranja con las uñas
y recita las «Coplas a la muerte
de su padre». Las dice en voz muy baja,
pero alcanzo a escuchar algunas líneas
endurecidas ya de tanto oírlas
en labios del temor, cuando era joven
el mundo y otra piel me levantaba
al tacto de un destello. A estas alturas
de la noche no soy distinto a él,
que viaja a una ciudad que desconoce
la oscura procedencia de mis pasos.
Subiremos al último convoy
que pasará o partió quién sabe cuándo.
Debe tener mi edad, o yo la suya,
y un mismo agotamiento compartido
por la luz fluorescente de las lámparas
 y la sombra que somos. Las estrofas
salen de mi memoria hasta su boca
igual a una casida en las arenas
cambiantes de lugar y no de sitio.
El hombre se incorpora, mira el fondo
metálico del viento contra el frío
que corre paralelo y se interroga:
«otros tiempos pasados, ¿cómo se hubo?».

PORTBOU
for Eduard Sanahuja

December on the platform. Going home,
I wait for the arrival and departure
of a train that will fill the tunnel with smoke
and the iron vaults with thunderous noise.
There is no one, hardly, save for a silent
man sitting just a few meters away
who is peeling an orange with his nails
while reciting the "Couplets on the Death
of His Father." He is whispering his words,
but I manage to make out some lines now
emotionless for having heard them from
lips full of fear, when the world was young
and the touch of another skin could arise
a glimmer. At this time of night, I am like him,
who travels to a city unaware
of the doubtful origin of my footsteps.
We are going to get on the last train,
which will arrive or depart who knows when.
He must be my age, or I must be his,
and we share the same apparent exhaustion
under the harshness of fluorescent lighting
and the shadow that we are. The stanzas
travel from my memory to his mouth
the same as a qasida in the sands
full of motion that yet remain in place.
The man gets up and stares at the metallic
distance of the wind facing the coldness,
blowing in the same direction, and asks himself:
«in those days, what was his situation?».

Con el sol diminuto entre las yemas
regresa hasta la banca, resignado
a morder las semillas de unos versos
y seguir en espera del que, acaso,
quedó en otra estación y en otra época
de cáscaras amargas por el suelo.

The tiny sun reflected in his fingertips,
he goes back to his bench with no other choice
but to chew on the seeds for other verses
and to keep on waiting for someone that might
have remained at another station, left behind
in days of bitter husks thrown on the floor.

TV PPV

En el primer canal pasan imágenes
del pánico: masacran un poblado
y hacen lodo la carne de sus niños;
en el siguiente, un cónclave de insignes
periodistas de moda y un famoso
perdedor se disputan la exclusiva;
bandadas de rapiña en el tercero
comen frente a la cámara; en el cuarto
transmiten las exequias de un autócrata,
As Time Goes By suena en el quinto mientras
un vago personaje en blanco y negro
repite su canción emponzoñada.
En el número seis, tres narradores.
En el siete se anuncian las muñecas
de plástico más caras del mercado.
No hay señal en el ocho. El infinito.

Sólo cae la nieve al estertor
de un mundo que se apaga sin botones.

TV PPV

On Channel One there are scenes of terror:
a town has been massacred
and all its children's flesh turned into mud;
on Channel Two, a conclave of distinguished
and modish journalists are fighting over
a scoop with a notorious loser.
A flock of birds of prey on Channel Three
eat for the cameras; on Channel Four
a tyrant has his funeral broadcast.
On Channel Five, the tune *As Time Goes By*
while someone indistinct in black and white repeats
his poisoned song. On Channel Six, three authors.
The market's most expensive plastic dolls
are now for sale on Channel Seven.
The infinite on Channel Eight: no signal.

It snows on the death rattle
of a world turned off without the need of buttons.

IT'S ALL IN THE GAME

Un piano entre la aurora
y el frío me regala
sus arpegios colmados
de memoria. Conozco
esa canción que llega
tan cerca, tan distante
de algún pasado en ruinas.
La oí, pero ¿hace cuánto,
o en dónde, por primera
vez? ¿Tocaba Keith Jarrett?
¿Acaso ardía el mar
bajo su desnudez?
¿También caía nieve
sobre mi corazón?
Cada nota en el aire
correspondiente, cada
marfil armonizando
con el alba. Llovizna
esa sonoridad
mientras lo envuelve todo
la música de un pájaro
perdido, aquí en el pecho.

IT'S ALL IN THE GAME

It's daybreak and it's cold.
A gift from a piano,
arpeggios full of yearning.
I know that song: it comes—
so close and yet so distant—
from some lost time in ruins.
I heard it—but how long
ago? Where for the first time?
Was he—Keith Jarrett—playing?
By any chance the sea
burned in its nakedness?
Was it snowing, too,
over my heart? Each note
in its appropriate air,
Each ivory attuned
with daybreak. That vibration,
a drizzle,
as everything is covered
with music from a lost
bird, here in my chest.

EL CIERVO ROJO

Con las botas manchadas por el bosque
y los ojos de piedra verde al fuego,
mi padre llevó al patio su prodigio.
Mató a un ciervo de diez puntas por asta
después de perseguirlo varios días
con otros cazadores. Tío Jorge
va a poner la cabeza en su despacho.
Hablarán de su hazaña en las reuniones,
de rifles y emboscadas, de las voces
que daba el animal antes del tiro
de gracia. En el festejo no advirtieron
el terror en mi cara, ni en mi hermano
el vómito del miedo cuando fuimos
a ver sobre la escarcha aquel trofeo
que aún salta entre las piedras de mi almohada.

THE RED BUCK

With boots soiled by treading through the forest
and eyes like green stones set afire,
my father brought the wonder to the patio.
He killed a ten-point buck chased down for days
with other fellow hunters. Uncle Jorge
is going to have the head hung in his office.
They'll discuss their exploit in their meetings,
their rifles and their ambushes, the bellows
of the animal before the coup de grâce.
No one in the celebration noticed
the horror in my face, nor in my brother
the fear that made him vomit as we went
to see the trophy lying in the frost.
It still jumps among the stones that fill my pillow.

HOTEL CALIFORNIA

> they stab it with their steely knives
> but they just can't kill the beast
> —Eagles

Ya no existe la casa de tu infancia,
la casona paterna tras los cedros
que aún persisten de pie, aunque hubo muchos
pasados a cuchillo. En sus escombros
hicieron un hotel para dementes
que se dicen turistas de aventura,
inquilinos de moda, pasajeros
anónimos del hielo. Era otro mundo
entonces, otros días tu lidiar
las últimas batallas en zaguanes
vencidos por el mármol sin herraje.
Aquí besaste a la primera chica
y en su nombre cazaste cien dragones,
y leyeron tus ojos las estrellas
más allá del estanque donde ahora
se disputan partidos de pelota.
Aquí cayó tu emblema. Fue tu reino
el origen difuso de un verano
que han tomado los bárbaros del norte
para hacerte rehén de tu espejismo,
director de inversión inmobiliaria
y miembro de la junta de accionistas.

HOTEL CALIFORNIA

> they stab it with their steely knives
> but they just can't kill the beast
> —Eagles

Your old childhood house no longer exists,
the big family home behind the cedars;
trees still standing, even though many have
fallen to the saw. Amid that rubble
they put up a hotel for the insane
who call each other adventure tourists,
these fashionable guests, anonymous
ice passengers. It was another world
back then, other days for your armed combat
in the final battles in the hallways
defeated by marble without ironwork.
There was when and where you kissed your first girl
and in her name fought a hundred dragons,
and your eyes read messages in the stars
beyond the pond where now they play ball games.
There your emblem fell ruined. Your kingdom
was the dim origin of a summer
that northern barbarians have taken
to make you a hostage of your mirage,
director of real estate investment
and a member of the shareholder's board.

LATITUD
para Juan Gelman

Tan de pronto, de golpe, sin apenas
vestigios de su sangre entre mis yemas,
las cosas van perdiendo su sentido.
Mudan de piel y espinas las palabras,
igual que los recuerdos de los parques
han dejado de ser lo que antes fueron
razón, mito y verdad. Creció el verano
pluvial sobre los árboles, la música
vuela con ellos a otra tierra. Intento
escucharlos partir, pero ya es tarde
también para los pájaros y el trueno
que dio a la habitación su geometría
evaporó su rastro. Nada queda
del relámpago herido. Ni un efímero
despojo de mi sombra está en el aire.

LATITUDE
for Juan Gelman

Abruptly, without warning, with scarcely
a trace of blood within my fingertips,
things start to make no sense at all.
Words shed skin and bones, the same as memories
of parks will never be what used to be
reason, myth and truth. The rainy summer
has grown over the trees, and music flies
with them away to other lands. I try to hear
them leave, but it is also late for birds,
and the thunder which gave the room geometry
has vanished without wake. Nothing is left
of the wounded lightning. In the air
there's not even a small scrap of my shadow.

LAS FLORES DEL MALL

Las jóvenes diosas, nocturnas
apariciones (ropa oscura,
plata quemando sus ombligos)
en la cadencia de la pista,
comenzarán a despintarse
con la premura de los años,
los problemas, quizá los hijos
que no tienen aún. Ahora
miran tus ojos con un claro
desprecio (ya tienes cuarenta)
y piensas en ciertas palabras
de Baudelaire que les darías
como si fueran frutas tuyas
(si al menos se acercaran), si
supieran quién es el poeta.
Pero ellas danzan, te rodean
sin importarles lo que callas.
Envejeciendo solas, brincan
sobre tus textos (tan perpetuas
y frágiles), deidades nuevas,
ellas, que bailan retiradas
de tu florero de Lladró.

THE EVIL MALL FLOWERS

The young goddesses, nocturnal
apparitions (in dark clothing,
silver igniting their navels)
in the rhythms of the floor,
will begin to fade away
with the swiftness of the years,
the problems, maybe the children
still unborn. They now stare
at you with unequivocal
contempt (for you have turned forty)
and Baudelaire comes to mind,
words that you would offer them
as if they were your own fruit
(if at least they would come closer),
if they had heard of the poet.
But they dance, they surround you
unconcerned about your silence.
Aging alone, they gambol
on your texts (girls perpetual
and fragile), brand new deities,
dancing their way to be distant
from your Lladró water vase.

AQUEL AHORA

Las posibilidades de volverte a encontrar
eran remotas. Una entre un billón. Y habiendo
infinitos lugares dispersos por los números
de un cálculo improbable, quién imaginaría
que te iba a ver en esa cantina, transformándote
en luz de aquel entonces feliz, o eso quisieron
creer años atrás aquellos dos que fuimos.

Estabas allí, tú de pronto y sin aviso
previo, con una tímida sonrisa, recargada
en el hombro de un tipo de aspecto deleznable
que podría haber sido yo. No reconociste
mi rostro entre la gente del bar. Aunque tal vez,
supongo, pretendías saber adónde y cuándo
miraste mis facciones, en qué sitio más joven
hiciste un alto, bajo qué extrañas circunstancias
coincidiste con alguien que se me parecía
de lejos. Pero no recordaste, si acaso
lo intentabas, a quien le prometiste un sueño
que no ibas a cumplir, cuando nos despedimos
tras una ventanilla. De vuelta en este ahora,
tu cara era la misma donde vi el resplandor
del ángelus y el tacto de un crepúsculo gris
y hermético. Llevabas rubor en las mejillas
y el cabello más negro que alguna vez tocaron
mis manos por el valle lunar de tu cintura.

La bienaventuranza fue nuestra compañera
de viaje a las estrellas tan próximas al hambre
de nuestros corazones y su dolor difuso.
Era la edad del bronce pulido de tus pechos.
Las noches fueron lentas palabras inaudibles

BACK THEN

The possibilities of meeting you again
were remote. One in a trillion. And since there were
an infinite number of scattered places
in an unlikely calculus, who would have guessed
I'd see you in this cantina, transformed
into the light of those happy days, or what
we wanted to believe we were years ago.

You were there, suddenly you, without advance
warning, with a timid smile, leaning on
the shoulder of some despicable guy
who could have been me. You didn't recognize
my face in the crowd at the bar. Though perhaps,
I suppose, you hoped to know where and when
you had once seen me, in what place, younger,
 you stopped, beneath what strange circumstances
you coincided with someone who looked like me
from far away. But you couldn't remember,
if you even tried, he who you promised a dream
that you wouldn't fulfill, when we said goodbye
through a car window. Back in the here and now
your face was the same, where I saw the splendor
of the angelus and the touch of a gray
secretive twilight. You wore rouge on your cheeks
and your hair was darker than what my hands once
touched in the moonlike valley of your waist.

Good fortune was our travelling companion
to the stars so nearby to the hunger
of our hearts and their indistinct sorrow.
It was the era of your polished bronze breasts.
The nights were lengthy inaudible words

del mundo que brotaba sin encajes. Bebíamos
la vida entre los versos de una poeta árabe
y bailaba desnuda la luz en la terraza.

Tú entonces te encendías y el viento iba contigo
por algún callejón a sórdidas tabernas,
levantando tu falda minúscula, mostrándome
las rutas que de súbito me alzaban al misterio.
Sin duda eras feliz de forma ingobernable.
También lo fui. Lo fuimos. Te dije, lo recuerdo
como si fuera ayer, que un dios haría suyos
los rasgos de tu nombre y el vino tu sabor
de almendra y paraíso. Sigues igual, incluso
me has parecido más hermosa, quizá menos
alegre que la imagen que de ti conservé
todo este tiempo en vano. Detrás de tu mirada
no encontré el resplandor de aquella chica insomne,
sino una palidez ceniza de rescoldos
que aún parecen guardar el vértigo del fuego.
No puedo asegurarlo. Y ya tan poco importa.

from the world that budded without lace. We drank
life between verses of an Arab poet
and the light danced naked on the balcony.

You would lit up and the wind would go with you
through some alleyway to sordid taverns,
wearing your minuscule skirt, showing me
routes that suddenly raised me to mystery.
Doubtless you were ungovernably happy.
I was too. We were. I told you, I remember
as if it were yesterday, a god would snatch
the stroke of your name and the wine your taste
of almond and paradise. You haven't changed,
you even seem more beautiful to me, perhaps
less happy than the image of you I've kept
for all this time in vain. Behind your eyes
I don't find the splendor of that sleepless
girl, only the ashy pallor of embers
that still seem to hold the vertigo of fire.
I can't be sure. And now it hardly matters.

BOLERO DEL JARDÍN DE LAS DELICIAS

Era un jardín cerrado. Entre las palmas
era la rosa en llamas de la tarde
y era fresca su piel allí encendida,
un brote apezonado por los labios
de la hora indecisa. Ella reía
y lloraba el amor contra mi boca.
Qué adolescencia la nuestra, qué áspera
sensación de pecado. Fue un infierno
el cielo que se abrió para nosotros
y el odio de su padre al enterarse.

BOLERO OF THE GARDEN
OF EARTHLY DELIGHTS

It was a private garden. Among palms
the evening held a tint of flaming roses
and such freshness in her skin ablaze,
a nipple-like shape budding on her lips
in that uncertain hour. She was laughing
and weeping all her love against my mouth.
What glorious adolescence, and how bitter
the sense of being sinners. It was hell
the heaven that unfolded then for us
and her father's hatred when he found out.

NOSTRUM VII
(Kavafis)

Malherido de muerte por óxido y petróleo,
un pájaro agoniza sin trinos en la arena
que vio partir a Ulises, entre bolsas de aceite
y alambres enroscado. Lo levanto y me mira
desde su orilla lejana por última vez,
sin advertir que contemplo mi miedo en su frío,
sin comprender lo que significan las Ítacas,
sin saber que la brea o la plástica ponzoña
nos hicieron el viaje más largo hasta Fenicia,
sin saber de los Cíclopes ni de los Lestrigones
o del ámbar y el ébano de aquellas tierras altas,
cuando mar y destino fueron la misma cosa,
la frágil travesía del ojo a su deleite,
la emoción de salir al puerto gris del alba
y el viento a la deriva o con rumbo hacia el abrazo
de un sol sin herradura, ni pausas, como el mar.
Sin pausas como el mar, el pájaro en el cuenco
negruzco de mis manos se aleja, poco a poco,
hasta ser una mancha de tóxico el paisaje.

NOSTRUM VII
(Cavafy)

Fatally wounded by rust and petroleum,
a bird dies without a warble in the sand
that saw Ulysses depart, curled up between
oil bags and wire. I pick it up and it regards me
from its distant shore for the final time
without noting that I see my fear in its cold,
without understanding what the Ithacas mean,
without knowing that the tar or plastic poison
makes us take the longest voyage to Phoenicia,
without knowing about Cyclops or Laestrygonians
or the amber and ebony of those high lands,
when the sea and destiny were the same thing,
the fragile voyage of the eye to its delight,
the thrill of leaving from the sunrise-gray port
and adrift in the wind or on a course to embrace
a sun without horseshoes, ceaseless like the sea.
Ceaseless like the sea, the bird in the blackish
bowl of my hands that drifts off, little by little
to become a toxic stain in the scenery.

PLAYA NUDISTA

Los ojos del ahogado. El horizonte
despeja su errancia y plenitud. Vibran
en el fondo las últimas imágenes
del miedo, y el coral de los abismos
bajo el agua devuelve su reflejo.
Aún en su retina se mantienen
el color de un cardumen de ballestas,
la calidez del aire y la muchacha
que atónita se asoma sin tocarlo.
Atrás limita el cielo con la curva
de luz, la arena opaca, el mediodía
donde un plexo solar sin movimiento.

NUDIST BEACH

The eyes of the drowned. The horizon
clears their errancy and plenitude.
In the depths quake the final images
of fear, and the coral in the abysm
below the water returns its reflection.
Still apparent on their retinas are
the color of a shoal of triggerfish,
the ardency of the air and the girl
who leans over amazed without touching.
Behind is the border of sky with its curve
of light, the opaque sand, and the midday
where a solar plexus does not move.

DESIERTO ADENTRO

Recordarás el mar, el alba siempre
gris de sus espumas, aquel hipnótico
fulgor en la resaca. Has de olvidar
tus pasos por los círculos del agua
donde no asomará tu rostro niño,
ni el de aquella muchacha en una tarde
cerrada en su memoria. Sin saberlo,
sabrás que el mar oxida lo que toca
y que sólo conoces de la arena
vestigios de su lenta retirada.
No emergerá la sal pegada al cuerpo
 con la fresca sonrisa de otros días,
o el pensarte tan frágil, a merced
del vago firmamento del oleaje.
Encima de tus párpados, la noche
será un aullido más de la jauría.

DESERT INSIDE

You will recall the sea, forever gray
its surf at dawn, and that mesmeric
glow of its undercurrent. You will forget
your steps around the water circles where
your childhood face will not appear nor that girl's
whose memory had closed the afternoon.
Without knowing it you know the sea rusts what
it touches, and that traces of its slow
retreat is all your insight of the sand.
The salt on your body will not emerge
with that fresh smile it had in other times,
or that thought of yourself as being so frail,
at the mercy of the bleary firmament
of the waves. Night, come down to your eyelids,
will be just some more howling from the pack.

SUNSET DRIVE SUITE

De las pocas mujeres que amé, ninguna tuvo
tatuado el nombre al aire, o el brillo de una alhaja
pendiente del ombligo ni de un labio. Eran tiempos
lacónicos entonces. No había rosas rojas
al sur de alguna espalda, ni brazos con espinas
y cóccix estampados con negros ideogramas,
ni ángeles ocultos y terribles dragones
en un pubis de trigo dorado por el sol.
Las mujeres tenían cierto aire de tragedia
romántica del siglo de los yuppies. Estaban
al acecho de todo posible candidato
a ser El buen partido, un hombre de negocios
con éxito y futuro, e ilustres apellidos
para dar a tres hijos pesados y a una hija
que tuviera el encanto y la gracia de su madre.
No llevaban tatuajes visibles, ni lucieron
un *piercing* de orgulloso y pulsante desafío.
Sus marcas eran otras, más hondos los estigmas
grabados en sus médulas con agujas violentas
y tintas minerales que no fueron capaces
de quitar con la pócima amarga de la vida.
Era tiempo bruñido en azúcares de plomo
el que lastraron. Ellas buscaban imposibles
amores cristalinos en barras de caoba,
en salones del tedio o abajo de las sábanas
en tránsito hacia el día, igual que las muchachas
que muestran sus diseños al viento que destrozan
sus pasos de pantera, y miran con el ímpetu
tribal de su artificio los ojos inyectados
de príncipes efímeros. Las mujeres que amé
se aherrojaron con otros, inscribieron alianzas
en sus dedos nupciales, y tatuaron sus almas

SUNSET DRIVE SUITE

I've loved but a few women: none of them
wore her name tattooed or a glittering
jewel in her navel or her lips. Those were
laconic days indeed, with no red roses
to the south of the back, nor arms all spiky
nor tailbone marked with black ideograms
nor hidden angels and horrific dragons
in a wheatfield pubis gilded in the sun.
Women had a sort of romantic tragic
air in the age of the yuppies. They lay
in wait for each and every candidate
who might be A Good Catch, a successful
executive with a future and a fine
family name to pass down to three tiring
sons and a daughter graceful like her mother.
No tattoos were in sight, nor did they boast
a piercing beating proudly with defiance.
Their marks were scars and deeper their stigmas
engraved in marrow bones with violent needles
and mineral engravings resistant
to the bitter concoction of this life.
They had to drag along days varnished with
sugars of lead. They were seeking crystalline,
impossible loves in mahogany bars,
in tedious living rooms, under the sheets
in transit to daylight, as do those young girls
wearing designs to the wind to be destroyed
by panther-like steps, and with the tribal
vigour of their contrivance they stare at
the bloodshot eyes of momentary princes.
The women that I loved locked themselves up
with other men, inscribed their ring fingers

detrás de unos postigos con lentas hipotecas
de un sueño que agoniza en alcázares en vela.
En su piel hay dibujos de la máscara Revlon
antiarrugas, de pobres resultados y ricas
fragancias de algo tenue y etéreo, humo de orquídeas,
vapores de borgoña, gotas de girasol
que dejan al salir del cautiverio.

with wedding bands, and had their souls tattooed
behind shutters subject to long mortgages
of a dream that expires in sleepless castles.
Their skin is swathed in anti-ageing Revlon
face masks, with poor results and rich, airy
and faint fragrances, the smoke of orchids,
Burgundy vapors, dewdrops of sunflower
that they abandon when they free themselves.

ISHMAR
para Martha Iga

La manera de peinarte desnuda
ante el espejo húmedo del baño,
de apresar en la palma tu cabello
para escurrir el agua y agacharte
en medio de palabras que no entiendo;
el acto de secar tu piel, la forma
de sentir con las yemas una arruga
que ayer no estaba, o de pasar la toalla
por la pátina oscura de tu pubis;
el modo de mirarte a ti contigo
tan cerca y tan lejana, concentrada
en una intimidad que a mí me excluye,
son gestos cotidianos de sorpresa,
 ritos que desconozco al observar
las mismas ceremonias que renuevas
al calor de tu cuerpo y que dividen
un segundo en partículas: espacios
donde la vida expresa su sentido
posible y que se afirman al peinarte
desnuda en las mañanas, como un fruto
que yo contemplo por primera vez.

ISHMAR
for Martha Iga

The way you comb your hair naked
before the foggy bathroom mirror,
use the palm of your hand to squeeze
water from your hair and bend down
speaking words I do not understand;
the act of drying your skin, the way
your fingertips touch a wrinkle
not there yesterday, or pass a towel
over the dark sheen of your pubis;
the way you look at yourself so
close and so far, concentrated
in an exclusive intimacy,
are surprising everyday gestures,
rites I cannot recognize seeing
these same ceremonies that renew
your body's warmth and that divide
seconds into particles: spaces
where life expresses its possible
meaning, that affirm themselves combing
naked in mornings, like a fruit
I contemplate for the first time.

ALFAMA
para Nuno Júdice

Atraviesa el amor, o lo que sea,
el mapa desdoblado ante los ojos
de la chica que aprieta en su bolsillo
una llave. Pasa el tráfico lento
y el espejo fugaz de la garúa;
cae desolación desde las nubes
encima de sus hombros y el destello
de su ajorca. Sujeta con firmeza
el tesoro metálico, aligera
el ritmo apresurado de sus pasos
sin mirar hacia atrás. La cerradura
queda lejos aún de su impermeable.
La puerta que ha de abrir tendrá el relámpago
de la pieza dentada entre sus yemas
y el secreto interior de la llovizna.
Afuera quedarán Lisboa y sus eléctricos,
los cálidos aromas del óxido del Tajo
corriendo inalcanzable hacia los puentes.

ALFAMA
for Nuno Júdice

It marks out love, or something there,
the map open before the eyes
of the girl clutching a key
in her pocket. Traffic moves slow,
drizzle a fleeting mirror;
desolation falls from the clouds
over her shoulders and the sparkle
of her bracelet. She firmly holds
the metal treasure, and hastens
the hurried rhythm of her steps
without looking back. The door lock
is still distant from her raincoat.
It should open to the lightning
of serrated steel in her hand
and the drizzle's inner secret.
Outside stays Lisbon with its wires,
the warm scents of the rusty Tagus
flowing untouchable toward bridges.

MATERIA DEL RELÁMPAGO

Calculaste al detalle cada paso,
sutil, desde hace siglos. Finalmente
tu esposo está de viaje y tus pequeñas
se fueron a dormir con sus abuelos.
Así que ahora estás sola y con euforia
te has vuelto a maquillar y te has vestido
de negro riguroso y perfumado
tu mínima porción de lencería.
Estás temblando, te dices, pero nada
te hará volver atrás. Miras tu imagen
alzada en los tacones, desafiante.
Tú y la noche son jóvenes y hermosas
como una tempestad que se aproxima.

LIGHTNING IS MADE OF THIS

Each step calculated in detail
keenly for centuries. Finally
your husband is traveling, your girls
spending the night with their grandparents.
So now, alone and euphorically,
you put on makeup again, perfumed
and attired entirely in black,
wearing the scantiest negligée.
You notice your trembling, but nothing
will make you stop. You look at yourself
standing tall in high heels, defiant.
You and the night are young and lovely
like a storm front that is approaching.

CANCIÓN DE FEBRERO

sobre el pecho del cielo, palpitando
—Jaime Gil de Biedma

Leve y triste la tarde se retira
contigo hacia el crepúsculo y las horas
empiezan a doler en los distantes
repliegues de la sábana. De pronto
la noche ha regresado y es difícil
no pensar en tu boca momentánea
o en las altas comarcas de tu cuerpo
en lienzos de algodón por alabanza.
Ahora que no estás, vuelvo a mirar
el rayo que dividen tus pestañas
y el estremecimiento de tu espalda
moldeándome los brazos, la sonrisa
de tu sexo en los vértigos del labio,
 el instante fluvial de tu alegría.
A lo lejos respira el mar, asciende
la blanda superficie a su clausura
bajo un raso de líquidos vitrales.
La noche sin tu piel crece más honda
por las calles donde asperjas la lluvia.
En silencio te diluyes, muchacha,
con las últimas brasas que se apagan
contra el pecho del cielo, palpitando.

FEBRUARY SONG

> *on the breast of the sky, beating*
> —Jaime Gil de Biedma

Slow and sad the afternoon retires
with you toward twilight, and the hours
begin to languish in the distant
folds of the sheets. Soon night has returned
and I can hardly avoid thinking
about your momentaneous mouth
or the high regions of your body
aggrandized on cotton canvases.
You are not here now; I see again
the beam that your eyelashes divide
and the shiver up and down your back
reshaping my arms for me, the smile
of your sex in vertigoes of lips,
and the flowing moment of your joy.
Far away the sea breathes deep, climbing
the soft surface towards its closure
beneath a clear sky of liquid glass.
The night without your skin grows deeper
in the streets where you spatter the rain.
In silence you dissolve, my beloved,
with the last embers that extinguish
against the breast of the sky, beating.

ROSA NÁUTICA

Abro tu sexo, enmudecido
hiendo el dulzor que se incorpora
en suave punta roma. Nuestro
silencio a tientas lo rodea,
lo vuelve único en la bóveda
de su vocablo y tu blandura.
Desde muy lejos tú me miras
al contemplarte y algo dices
tras las columnas de tus piernas
abatidas. Fuera de ti
no hay otro tímido temblor
de gota en vilo. Un leve roce
mueve tus labios: luz eréctil
que parte en dos lo que define
mi lengua, el óvalo verbal
que beberás de mí en tus besos.

NAUTICAL ROSE

I open your sex, wordlessly
cleaving a sweetness that takes in
a smooth blunt end. Our silence
fumbles around, surrounding it,
makes it unique in the cupola
of its concept and your softness.
From far away you look at me
looking at you, and from behind
the columns of your subdued legs,
you say something. Outside you
there is no other timid shake
of teetering drop. A slight touch
moves your lips: erectile light
dividing in half what defines
my tongue, the verbal oval that
you will drink from me in your kisses.

NATURALEZAS VIVAS

Duermes. La noche está contigo,
la noche hermosa igual a un cuerpo
abierto a su felicidad.
Tu calidez entre las sábanas
es una flor difusa. Fluyes
hacia un jardín desconocido.
Y, por un instante, pareces
luchar contra el ángel del sueño.
Te nombro en el abrazo y vuelves
la espalda. Tu cabello ignora
que la caricia del relámpago
muda su ondulación. Escucha,
está lloviendo en la tristeza
del mundo y sobre la amargura
del ruiseñor. No abras los ojos.
Hemos tocado el fin del día.

LIVING NATURE

Sleeping, night is with you,
night as beautiful as a body
open to happiness.
Your warmth under the sheets
is but a hazy bloom. You flow
toward a secret garden.
For an instant,
you seem to fight away
the angel of the dream.
I call you in the embrace and you turn back.
Your hair is unaware of
lightning that shifts its waves with a caress.
Listen,
it's raining in the sadness of the world,
and in the grief of nightingales.
Do not open your eyes.
Thus ends the day.

LOS PROSCRITOS
para Amalia Bautista

Lo más original no fue el pecado
ni la ira de Dios, ni la serpiente,
sino aquella oración que se dijeron
al salir al exilio, temblorosos
con el sexo cubierto por vergüenza:
«amor, no soy de ti sino el principio».

THE OUTLAWS
for Amalia Bautista

It wasn't sin what made it so original
nor was the wrath of God, nor was the snake,
but the prayer they said to one another
on leaving their exile, as they were shivering,
and having covered up their sex, ashamed:
"Oh love, I'm nothing less than your beginning".

De CONTRALUZ

ALIANZA

No me condujo
el sendero de Basho.
Fue tu perfume,

Lesbia; fueron tus besos,
no el temor a la muerte.

INTAGLIO

Madrid no sabe
llover, pero se moja
muy suavemente

de vastedad su cielo
cuando lo borra el agua.

From BACKLIGHT

ALLIANCE

I did not follow
the pathways that Basho took.
It was your perfume,

Lesbia, and it was your lips
and not any fear of death.

INTAGLIO

Madrid does not know
how to rain, but so softly
its sky becomes wet

from immenseness when water
itself abolishes it.

ALGUNOS SE DESPIDEN BAJO UN ÁRBOL

Hoy dejé la ciudad mientras dormía.
Sé que no he de volver, y ella lo sabe.
Tal vez, pasado el tiempo, todo acabe
por ser tan sólo el sueño en donde huía

la sombra vertical de un mediodía
cuya imagen conservo como un grave
ciprés que va a caer. Giré la llave
y entonces comenzó la lejanía

y un ámbito de luz prendió el reflejo
del árbol inclinándose a la tierra.
Otro ya en mi lugar lleva el idioma.

Otro toma el avión en que me alejo,
y otro más la ciudad donde alguien cierra
un portón de metal que se desploma.

SOME PEOPLE BID FAREWELL BENEATH A TREE

I left the city while it slept today.
It knows—we know—I should not return. Still,
as time goes by, perhaps, who knows, this will
end up as a dream of flying away

the vertical and shadowy midday
whose image is a grave cypress I see
that is about to fall. I turned the key
and then began to go, to flee, to stray

and then a sphere of light struck the glint
of that tree more and more bent to the earth.
Another in my place takes all his words.

Another takes the plane in which I leave
and yet another takes the city where
someone now closes a collapsing door.

CUANDO AMANECE

Las primeras palabras del poema
las escribe la muerte, y enseguida
se adueñan de la página. Nos besan
las mejillas, los ojos, desplegando
su invisible poder sobre las cosas.
Una imagen oculta en la memoria
el párrafo inicial: «Cuando amanece
oigo a un niño que llora sin remedio
en una habitación desconocida».
Se apaga el cielo falso, nos encienden
en silencio una lámpara. En el pecho
hay un sudor de fiebre. Alguien murmura
las últimas palabras: «Ya nos vamos».

WHEN DAY BREAKS

Death: it writes the first words of the poem
and straight away they take over the page,
kissing our cheeks, our eyes, unfolding
their invisible power over things.
An image hides the opening paragraph
from memory: "When day breaks
I hear a child crying hopelessly
in an unlikely room".
The false sky fades away, a lamp
is lit for us in silence. On my chest
I feel the sweat of fever. Someone mutters
the final words: "We are leaving".

GINEBRA, VERANO DE 1986
(Mínimo homenaje a J. L. B.)
    para Graciela Gliemmo

Un hombre se dirige al sur y espera
escuchar un silbato. Hunde los puños
en la tibia extensión de sus bolsillos:
un llavero de zinc, varias monedas
echadas al azar; dentro de un sobre
la efigie de una dársena y dos caras
difusas tras un vidrio. Una es la suya.
La otra es del que aguarda un tren. Al fondo
resplandece un fanal entre la bruma
(Edipo y los enigmas: Buenos Aires,
espadas, laberinto, Islandia, espejos)
y el hombre del andén. Sin él se pierde
el último esplendor. Se abre una puerta.
El hombre que la empuja es uno y otro
quien traspasa la luz bañado en sombra.

GENEVA, SUMMER 1986
(Modest tribute to J. L. B.)
for Graciela Gliemmo

A man heads for the South, expecting
to hear a whistle. He has sunk his fists
into the tepid area of his pockets:
a key-ring made of zinc, several coins
he's tossed several times; inside an envelope
the effigy of a dock and two dim faces
behind a piece of glass. One face is his.
The other's of a man who awaits the train.
A misty beacon shimmers at the back.
(Oedipus and the enigma: Buenos Aires,
swords, looking glasses, Iceland, labyrinth)
and that man on the platform. Without him
the final glow is lost. A door then opens.
The man pushing is one and it's another
one who steps through the light all bathed in shadow.

CUARTOS VACÍOS

Algo en la intimidad de las alcobas
guarda la emanación de lo que fueron
y son lo que ellas mismas contuvieron:
el hambre de una piel y las caobas

texturas de su voz, el paso aleve
del insomnio, las risas, el fracaso
que asumen los relojes del ocaso,
la cómplice embriaguez del sueño breve,

el olor de una noche y de la tierra
desierta en su lugar: cielos vacíos
y bocas que buscaron ser mordidas

por el aire que asfixia nuestras vidas.
Hieren la soledad cuando se cierra
la puerta y sólo están sus muros fríos.

EMPTY ROOMS

Something in the privacy of bedrooms
maintains the emanation of what they
were and are what they themselves contained:
the skin's hunger, the mahogany croon

of a voice, insomnia's deceptive scheme
as it unfolds, the laughter, the outright
failure that the clocks assume at twilight,
the traitorous rapture of a brief dream,

the scent of a night and of deserted
landscapes in its place: heavens gone hollow
and mouths in exploration for the bite

of the air that asphyxiates our lives.
They inflict loneliness when a door is closed
and all that is left behind are cold walls.

S. T. T. L.
SIT TIBI TERRA LEVIS

> *Hoy recuerdo a los muertos de mi casa*
> —Octavio Paz

De todos nuestros muertos jamás olvidaremos
al primero. Habita en la raíz del otoño,
debajo de los álamos, el mío. Su memoria
me ofrece un arrayán al tiempo que se inclina
con los brazos abiertos de otros días. Recuerdo
su estatura en penumbras a punto de apartarse
del espejo, su rostro velado, el abalorio
de las tercas lecciones de algún piano. Cruzó
la línea que reúne la vida con la muerte
una tarde sin sol. Su cuerpo era la ausencia
presente, lo nombrado sin nombrar. Era el muerto
primero en estar muerto de súbito, y por siempre
habrá de serlo. El niño que fui entonces ahora
lo distingue sentado en un alféizar. Veíamos
un barco en la pureza impasible de las nubes,
y diásporas de hormigas en los lieder de Schubert;
y me hablaba de Stevenson o Melville, del trayecto
que quiso hacer de joven al fin de la nostalgia
que se alzaba en su voz cuando cantaba. Hizo
aquél único viaje aquella tarde. Hasta entonces
nunca me había asomado a los ojos de un muerto,
al eco inmóvil de dos diáfanos aljibes,
ni al llanto de los míos, perplejos, que eran otros.

Él fue el primer ausente de cuántos y de nadie,
la presencia, el no ser, la fatigada luz
del día, el que se nombra debajo de los árboles
de pronto, al olvidarnos que ya no sigue aquí
su soledad, su anécdota de buques por los aires
fantasmales, de acordes que alumbraron el sueño

S. T. T. L.
SIT TIBI TERRA LEVIS

> *Today I recall the dead of my home*
> —Octavio Paz

Of all our dead we will never forget
the first. Beneath the poplars, in the root
of autumn, mine dwells. His memory
offers me a myrtle as he bends down,
arms open wide, from past days. I recall
his height in half-light about to step back
from the mirror, his face fogged, laboring
to refine some stubborn piano lessons.
He crossed the line that united life with death
on a sunless afternoon. His body
was the absent presence, the unevoked name.
He was and must always be the first
to die suddenly. The boy that I was then
now spies him seated on a sill. We saw
a ship in the clouds' impassive purity,
diasporas of ants in Schubert's lieder;
and he spoke of Stevenson or Melville,
of the journey he meant to make as a youth
to the end of the nostalgia that his voice
invoked when he sang. He made that singular
voyage that afternoon. Until then
I had never appeared in the eyes of the dead,
in the motionless echo of two clear wells,
nor in our own perplexed tears, those other eyes.

He was the first to go among many and none,
the presence, the non-being, the fatigued light
of day, the name spoken beneath the trees
abruptly, forgetting that his solitude has left
us here, his anecdote about ghostly ships

de aquella vida nuestra. Le sea leve la tierra
que fecunda, su exilio sin fin de nuestras hojas.

in the air, of chords that lit up the dreams
of that life of ours. May the earth rest lightly
that he enriches, his endless exile from our leaves.

NOCHEVIEJA

Miras arder lo que ha quedado
en pie del último sendero:
la luna llena de otro enero
sobre la piel de tu pasado,

un mar que olvidas y ha olvidado
en su esplendor tu verdadero
rostro, la luz que fue primero
verbo y temblor a tu costado

y que hoy dejas partir a solas,
detrás del fuego. Hacia el poniente
moja tu máscara un sol frío.

Ya en ti la noche alza sus olas
mansas. La oyes indiferente
abrir el fuego y tu vacío.

NEW YEAR'S EVE

You look at all that still stands,
that has survived from your last pathway:
the full moon of some other January
lighting your skin in times long past,

a sea that you forget, forgetting
in its splendor your true countenance,
the light that was at first the word
and was the tremor on your side

that now you let depart alone
after the fire. Toward the twilight
a cold sun saturates your mask.

Night raises its meek waves inside you.
But you do not care, hearing it
open the fire and your emptiness.

LOS ARGONAUTAS
para Esther y Leandro Arellano

Han venido a cantar «Las golondrinas».
Llegarán a Nogales en tres días.
A Chicago, tal vez, en dos semanas.
Tienen familia allá, del otro lado.
Son de Minatitlán o Villahermosa.
Otros, de El Salvador y Nicaragua.
Su imagen de Illinois es una estatua.
Un campo de maíz la de Chicago.
Conocen el desierto sólo en fotos.
Van a seguir las huellas del coyote.
No levanta la niebla en la otra orilla.
Gibraltar se distingue a duras penas.
Son del Magreb y el sur de Cabo Verde.
Van a echar al oleaje su fe ciega.
Cruzarán en silencio todos juntos.

THE ARGONAUTS
for Esther y Leandro Arellano

They have come to sing 'Las golondrinas'.
Three more days and they will reach Nogales.
Only two more weeks before Chicago.
They have family there, beyond the border.
They come from Minatitlán or Villahermosa.
And from El Salvador and Nicaragua.
They think of Illinois as if a statue.
Chicago must be something like a cornfield.
They haven't seen the desert save in pictures.
They plan to follow tracks from the coyote.
The fog is always low on the far shore.
It makes Gibraltar all the more obscure.
They come from the Maghreb and South Cape Verde.
They will entrust their blind faith to the waves.
In silence, all together, they will cross.

GENEALOGÍA

Se han marchado los hijos de la casa
igual que lo hice yo, y antes mi padre
y el padre de mi abuelo, el que perdura
en el polvo que impulsa nuestros huesos
hacia la incertidumbre y desde el miedo
a la desolación de las palabras:
naufragar, desamor, volver, vacío.
Se fueron ya. Tenían la sonrisa
envuelta en las bufandas y en los brazos
el olor de la casa que dejaban.
Nada será lo mismo con su ausencia
a la hora del pan frente a la música
o en la noche del fuego. Llega el alba
y con ella su sombra. La tristeza
sube la escalera de caracol
y acoda su mutismo en la baranda
para oír el primer canto del día
junto a mí, el que partió y no se ha ido.

GENEALOGY

My children have left home just as I did
and as my father did and my grandfather's
father, the one who lingers in the dust
that drives our bones toward uncertainty
and then from fear to the bleakest words:
failure, heartbreak, return, nothingness.
Their leaving is a fact. Their smiles were all
wrapped up in scarves, and in their arms
were still the homely smells they left behind.
Nothing will be the same without their presence
when time for dinner comes before the music
or by the nightly fireplace. Dawn arrives
and with it the shadows. Sadness climbs
the spiral staircase, its silence leaning on
the handrail, to hear the morning crowing
with me, who left and yet has never left.

DOY FE

Donde dice la noche debe leerse el día,
donde aparezca sombra deben estar tus manos;
en donde diga brisa, ciudad que me abandona;
donde dice relámpago, memoria o travesía;
donde se nombra el fuego puede escucharse música;
el mar agonizante donde aparezca el mar;
debe decir la isla si puse ahí tu cuerpo;
la dársena o deseo, cuando la niebla diga;
debe quedar desierto donde escribí desierto;
diluvio, adonde tierra; el tren, en vez del túnel;
donde dice la playa debe decir tu sexo,
prolongación del viaje contra la luz confusa;
donde escribí la muerte, debe decir la vida;
donde dije la vida, debe decir la muerte,
máscara bajo mis huesos, desesperanza,
canto sin flor, presente simultáneo, destino.

I VOUCH FOR IT

Where it says night it should say day,
where there is shadow your hands should be;
where it says breeze, town leaving me behind;
where it says thunder, memory or voyage;
where fire is mentioned music can be heard;
the dying sea where you can see the sea;
it should say island if I laid there your body;
desire or dock, when it says mist;
it must stay deserted where I wrote desert;
flood where there is land; train instead of tunnel;
where it says beach it should say your sex,
extension of the trip against the hazy light;
where I put down death, it should say life;
where I said life, it should say death;
a mask under my bones, hopelessness,
a barren chant, concurrent present, destiny.

THE TRANSLATORS

SUE BURKE is an author and translator who lived for many years in Madrid. She won the 2016 Alicia Gordon Award for Word Artistry in Translation from the American Translators' Association for her translation of *Confusion of Confusions*, by Joseph de la Vega, the first book to examine the operation of the stock market, published in 1688 in Amsterdam. Her other translations include *Canyonlands: A Quarantine Ballad*, by JB Rodríguez Aguilar; *Amadis of Gaul*, by Garci Rodríguez de Montalvo; *Prodigies*, by Angélica Gorodischer; and *Canción antigua – An Old Song*, by Vicente Núñez, with Christian Law. In addition, she has published her own novels, short stories, and poems. She was born in the American Midwest and currently lives in Chicago. More information is at https://sueburke.site/.

CHRISTIAN LAW (Madrid, 1973) is the author of the poetry collections *Pendientes de la noche* (Evening Earrings, 2002) and *Algo menor que el corzo* (Something Smaller Than the Roe Deer, 2009). He has translated Shakespeare's *Sonnets* (2009) into Spanish, as well as an anthology of poetry from his plays, *Jardín circunmurado* (Enclosed Garden, 2012). He was also the first to translate English poet Alice Oswald into Spanish (*Woods etc.*, 2013). Together with author Sue Burke, in 2018 he translated into English the selected poems of Vicente Núñez (*Canción antigua / An Old Song*). He has recently completed his Spanish version of John Milton's *Paradise Lost*, to be published in the coming months. He is currently working on a translation of Katherine Mansfield's short stories.

www.ingramcontent.com/pod-product-compliance
Lightning Source LLC
Chambersburg PA
CBHW031421160426
43196CB00008B/1008